KB162161

아.투.연 소책자 1탄

공실을 획기적으로 줄이고 임대료 확실하게 올려주는

지식산업센터 인테리어

자주 묻는 질문 50가지

아파트형 공장 투자연구소 스텝

이정은 최지혜 지음

청춘미디어

— 66 —

성공은 열심히 노력하며
기다리는 사람에게 찾아온다.

토마스 A. 에디슨

— 99 —

목차

Q1   지식산업센터 인테리어와 일반(주택) 인테리어는 다른가요?

Q2   인테리어를 한 호실이 안 한 호실보다
     임대료를 많이 받는 것이 사실인가요?

Q3   임대용 지식산업센터 인테리어를 하고 싶어요.
     비용을 얼마로 예상하면 될까요?

Q4   실사용 인테리어와 임대용 인테리어의 차이점이 궁금해요

Q5   지식산업센터 인테리어 공사 비용은
     법인/개인 각각 비용처리가 되나요?

Q6   전용 10평 대의 지식산업센터의
     임대용 인테리어 구성은 어떻게 될까요?

Q7   전용 20-30평 대 지식산업센터의
     임대용 인테리어 구성은 어떻게 될까요?

Q8   지식산업센터 대형 평수 호실을 가지고 있습니다.
     인테리어 구성은 어떻게 될까요?

Q9   연이은 두 개의 호실을 가지고 있습니다.
     가벽 철거를 하려고 하는데 비용이 얼마나 들까요?

Q10   지식산업센터 드라이브인에도 인테리어를 할 수 있나요?

Q11   지식산업센터 창고를 다섯 개 가지고 있습니다.
      창고도 인테리어를 해야 하나요?

Q12 지식산업센터 인테리어 비용은 전용 면적으로 계산하나요
공급 면적으로 계산하나요?

Q13 요즘 지식산업센터 인테리어 트렌드는 어떤가요?

Q14 임대용 지식산업센터 인테리어를 하고 싶습니다.
정형화된 파사드를 해야 할까요,
아니면 개별화된 파사드를 하는게 좋을까요?

Q15 어떤 업종의 임차인이 들어올지 모르는데
인테리어를 미리 해두어도 되나요?

Q16 중개업소에서 先인테리어보다 렌트프리나
인테리어 지원금을 제공하는 방식이
좋다고 하는데 어떤게 나을까요?

Q17 지식산업센터 인테리어를 할 때
무거운 방화문은 없애도 될까요?

Q18 강화도어를 수동 유리문 말고
자동문으로도 설치 가능할까요?

Q19 방화문은 소방법 때문에 없애면 안 된다고 합니다.
보기에 답답한데 다른 효율적인 방화문은 없을까요?

Q20 호실 내부에 대표실과 회의실 공사를 할 때,
어떤 소재를 선택해야 내구성이 좋을까요?

Q21 대표실과 회의실을 경쟁력 있게 구성하고 싶은데
다른 호실과 차별점을 가질 방법이 있을까요?

Q22 대표실과 회의실을 만들고 싶은데
유리로 막은 형태의 공사를 하면 내부가 더울 것 같아요.
천장 부분을 좀 뚫어둘까요?

Q23 지식산업센터 인테리어 스타일이
각 지역마다 차이점이 있을까요?

Q24 분양 받은 지식산업센터는 인테리어를
언제 하는 것이 가장 좋을까요?

Q25 지식산업센터 임대용 사무실에
싱크대를 설치하고 싶은데요.
고급형과 일반형 중에 어떤 싱크대가
임차를 맞추는데 적절할까요?

Q26 지식산업센터 인테리어로 요즘 많이 선택하는
아투연 바 구성은 어떻게 되나요?

Q27 싱크대를 놓을 수 있는 위치가 따로 있다고 들었어요.
그 위치는 어떻게 알아볼 수 있나요?

Q28 싱크대의 상부장과 하부장의 차이는 무엇인가요?

Q29 바닥 타일을 교체하고 싶어요.
가장 무난하고 일반적인 것으로 공사를 한다면
어느정도 비용을 예상하면 될까요?

Q30 지식산업센터 인테리어 시, 소방공사는 꼭 해야 할까요?

Q31 견적서를 받으면 "전기공사" 내역이 적혀 있던데요.
전기공사는 어떤 공사인가요?

Q32 방염처리가 된 블라인드의 경우 가격이 비싼데도
방염 블라인드를 사용해야 할까요?

Q33 분양받은 지식산업센터 사무실의 경우
모두 LED 등으로 교체를 해야 할까요?

Q34 지식산업센터 인테리어를 많이 하고 싶은데
인테리어 비용이 부족해요. 방법이 있을까요?

Q35 임차인이 바로 계약하고 싶은 마음이 들도록
벽면을 카페처럼 아늑하면서 효율적으로 꾸미고 싶습니다.
좋은 방법이 없을까요?

Q36 전용 20평 중반 정도가 되면
아트월이나 이미지월 공사를 하던데요.
두 가지 차이점이 무엇인가요?

Q37 아투연 인테리어에 공사를 맡기고 싶은데
어떻게 신청하면 될까요?

Q38 아투연 인테리어에서 공동구매를
진행하는 공고를 종종 보았어요.
공동구매는 어떻게 신청하면 될까요?

Q39 견적을 정확하고 빠르게 받는 노하우가 있을까요?

Q40 제 사무실의 층고가 높아서 복층 공사를 하고 싶어요.
     복층 공사는 어떻게 구성이 되나요?

Q41 서비스 면적을 확장하고 싶어요
     철거만 하면 될 것 같아 쉬워 보이는데 맞을까요?

Q42 코너 호실을 가지고 있습니다.
     코너 호실이어도 서비스 면적 확장 공사를 많이 하나요?

Q43 지식산업센터 인테리어 서비스 면적 확장 공사시
     비용이 더 드는데도 꼭 해야 할까요?

Q44 저는 공실이어도 임차인에게 인테리어를 하고
     사무실을 사용하라고 하고 싶어요.
     이렇게 했을 때 저에게 불리한 점이 있을까요?

Q45 부동산에서 인테리어가 되어 있는 호실 먼저
     소개해준다고 들었는데 왜 그런건가요?

Q46 인테리어 후 높은 임대료를 받은 사례 1
     김포 디원시티

Q47 인테리어 후 높은 임대료를 받은 사례 2
     당산생각공장

Q48 인테리어 후 한 달 안에 임차가 완료된 사례 1
     광명G타워

Q49 인테리어 후 한 달 안에 임차가 완료된 사례 2
     김포 디원 시그니처

Q50 인테리어 후 한 달 안에 임차가 완료된 사례 3
     가양 데시앙

Q1

지식산업센터 인테리어와
일반(주택) 인테리어는 다른가요?

A1 : 먼저 목적부터가 다릅니다. 지식산업센터는 사무실로 거주 및 생활하는 공간이 아닙니다. 반대로 주택은 거주 및 생활하는 공간으로 더 많은 시간과 안전 그리고 안락함을 느끼는 곳이죠. 즉, 인테리어 면에서는 지식산업센터 인테리어는 공간 구도를 새로 만들고 파사드(대문으로 볼 수 있는 위치)도 구성하며, 서비스 면적(주택에서는 베란다와 비슷합니다.)을 대부분 없앱니다. 주택 인테리어처럼 여백이나 안락함보다는 공간을 최대치로 사용할 수 있는 효율성을 추구하는 것이 지식산업센터 인테리어의 특징이라고 볼 수 있겠습니다.

Q2

인테리어를 한 호실이 안 한 호실보다
임대료를 많이 받는 것이 사실인가요?

A2 : 네, 실제로 최근 서울의 한 지식산업센터 현장 중 인테리어를 한 호실은 일반 호실보다 임대료가 공급 평당 10-20%까지 더 높았습니다(2022. 11월 기준).

그 이유는 인테리어를 하면 임차인이 인테리어를 할 필요가 없어 간편하고 외관상 예쁘게 인테리어가 된 호실에 대한 선호도가 높기 때문이죠. 집 전세의 경우를 적용하시면 이해하기 쉽습니다. 인테리어를 새로 한 주택과 인테리어를 안 한 주택, 둘 중 선호도가 높은 주택은 인테리어를 한 주택입니다.

[아투연 카페 후기 링크]
광명 지타워 인테리어후 임차 맞췄습니다^^

https://cafe.naver.com/fishlandcafe/33015

Q3

임대용 지식산업센터 인테리어를 하고 싶어요.
비용을 얼마로 예상하면 될까요?

A3 : 지식산업센터 인테리어는 크게 임대용과 실입주용으로 나뉩니다. 임대용의 경우는 전용 평당 72-76만 원 정도 예상해주시면 됩니다. 만약 아투연 인테리어 공동구매로 진행하시게 되면 위의 금액보다는 저렴합니다 (2022년 11월 기준).

[유튜브 링크]
https://youtu.be/pGRG2KkoKS0

Q4

실사용 인테리어와 임대용 인테리어의
차이점이 궁금해요

A4 : 임대용 지식산업센터 인테리어는 임차인을 맞이하기 위한 인테리어로 기본적인 구성 세우는 것을 목적으로 합니다. 예를 들어, 파사드, 수동 강화도어, 대표실, 회의실, 일반 싱크대, 서비스 면적 확장 등이 있습니다. 더불어 장식용 인테리어는 특별히 신경을 쓰지 않습니다.

반대로 실사용 지식산업센터 인테리어는 직접 사무실을 사용할 회사가 입주하는 것으로 "맞춤형 인테리어"가 진행됩니다. 기업 이미지를 고려한 디자인 및 공간 구성, 각각의 마감자재 등 세밀하게 협의합니다. 기본적인 구성은 임대용과 유사하지만, 추가적인 구성이 많은 편입니다.

지식산업센터 인테리어 자주묻는 질문 50가지

지식산업센터 인테리어 자주묻는 질문 50가지

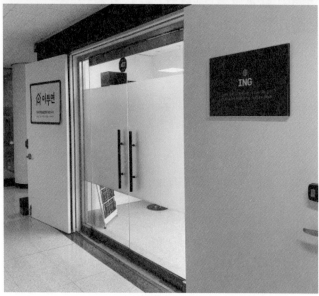

Q5

지식산업센터 인테리어 공사 비용은
법인/개인 각각 비용처리가 되나요?

A5 : 그럼요. 인테리어 공사비용은 지식산업센터 분양을
받으시거나 매매를 하셨을 때 가지고 계시는 사업자등록
증으로 비용처리가 됩니다. 인테리어 업체에 부가세 10%
를 더 납부하시고 세금계산서 및 현금영수증 처리를 요청
하시면 됩니다.

Q6

전용 10평 대의 지식산업센터의
임대용 인테리어 구성은 어떻게 될까요?

A6 : 전용 10평대 호실은 회사 대표와 직원 4-6명 정도 가 사용하는 규모로 생각하시면 됩니다. 구성은 서비스 면적 확장, 파사드, 강화도어, 대표실, 일반 싱크대 정도 면 충분합니다. 임차용으로 위와 같이 구성했을 때 임차 인과 소유주 모두 만족하신 결과가 많았습니다.

[아투연 인테리어 실시간 현장 62]
또 다른 인테리어 공동 구매 현장 시흥 인피니움 타워, 전용 10평대 인테리어 예시 보여드려요!

[카페 링크]

https://cafe.naver.com/fishlandcafe/34948

지식산업센터 인테리어 자주묻는 질문 50가지

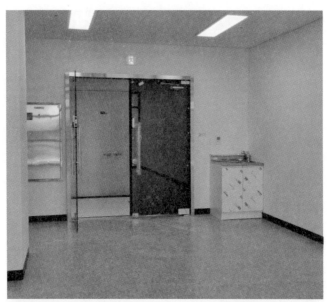

Q7

전용 20-30평 대의 지식산업센터의
임대용 인테리어 구성은 어떻게 될까요?

A7 : 전용 20-30평 대의 지식산업센터는 회사의 대표와 직원 7-10명 정도가 사용하는 규모로 보시면 됩니다. 구성은 서비스 면적 확장, 파사드, 강화도어, 대표실, 회의실, 이미지월, 고급 싱크대 정도면 충분합니다. 전용 10평당 룸 1개씩으로 생각하시면 됩니다. 즉 20평대는 2개, 30평대는 3개 이상 시공하고 있습니다.

[아투연 인테리어 실시간 장 51]
사무실 내부 칸수 구성은 이렇게 해보는 거 어떠세요? (부제 : 전용 10평대, 20평대, 30-40평대 평수별로 알려드려요!)

[카페 링크]

https://cafe.naver.com/fishlandcafe/34529

지식산업센터 인테리어 자주묻는 질문 50가지

Q8

지식산업센터 대형 평수 호실을 가지고 있습니다.
인테리어 구성은 어떻게 될까요?

A8 : 대형 평수를 찾는 대형 임차인이 필수적으로 하는 인테리어 요소를 미리 해두시면 좋습니다. 임차인 90%가 선호하는 공사 요소는 서비스 면적 확장 공사, 강화도어가 있습니다. 대형평수는 규모 있는 기업이 들어오는 경우가 많아 일반 인테리어가 불필요할 수 있기 때문입니다.

[아투연 인테리어 실시간 현장 58]
40평 사무실 인테리어 레퍼런스(부제 : 넓은 공간의 대형 평수, 공간의 효율성을 높일 수 있어요.)

[카페 링크]

https://cafe.naver.com/fishlandcafe/34803

지식산업센터 인테리어 자주묻는 질문 50가지

Q9

연이은 두 개의 호실을 가지고 있습니다.
가벽 철거를 하려고 하는데 비용이 얼마나 들까요?

A9 : 연이은 두 개의 호실 소유주분들이 임차를 생각하실 때 대체적으로 가벽 철거를 하십니다. 가벽 철거 작업은 호실 사이의 가벽을 철거하고 천장과 바닥 마감공사 그리고 전기 공사도 새로 해야 합니다. 이 모든 것을 종합해 볼 때, 가벽 철거 공사 예상 비용은 미터 당 (천정 높이 2.7미터 기준) 15-20만원 정도 생각해주시면 됩니다.

Q10

지식산업센터 드라이브인에도
인테리어를 할 수 있나요?

A10 : 드라이브인 호실에도 당연히 인테리어를 할 수 있습니다. 드라이브인 호실 자체를 창고처럼 적재의 용도로만 사용하지 않는다면 호실 내부에 사무실을 만드는 경우가 많습니다. 보통 강화도어, 회의실 그리고 싱크대를 시공하며, 드라이브인 호실을 본사로 사용하는 경우에는 강화도어, 파사드, 대표실, 회의실 그리고 싱크대 공사까지 합니다.

더불어 드라이브인은 냉난방기가 안 들어간 호실이 많습니다. 인테리어 견적을 받으실 때 냉난방기까지 포함된 견적서를 주는 업체에 공사를 맡기는 것을 추천드립니다.

[아투연 인테리어 실시간 현장 52]
대구 디센터 1976의 사무용 인테리어로 참고하기 좋은 현장, 이렇게 해보시겠어요?

[카페 링크]
https://cafe.naver.com/fishlandcafe/34572

Q11

지식산업센터 창고를 다섯 개 가지고 있습니다.
창고도 인테리어를 해야 하나요?

A11 : 성수 지식산업센터 지하 창고 호실의 경우 사무실 겸 창고로 사용하고 있는 곳이 많습니다. 서울의 경우 파사드, 강화도어 그리고 호실 내부에 렉(철제선반)을 구성하는 공사를 추천드리고 지방의 경우 해당 지식산업센터의 분위기를 따라가는 것이 좋습니다.

Q12

지식산업센터 인테리어 비용은
전용 면적으로 계산하나요
공급 면적으로 계산하나요?

A12 : 아투연 인테리어에서는 인테리어 비용을 통상 전용 면적으로 계산해서 안내를 드립니다. 그래서 인테리어 문의를 주실 때 전용 면적으로 알려주시면 좋습니다.

Q13

요즘 지식산업센터 인테리어의 트렌드는 어떤가요?

A13 : 지식산업센터 인테리어도 트렌드가 있습니다. 최근 임대용 트렌드는 모던한 느낌으로 깔끔하게 하는 것이 특징입니다. 즉, 시간이 지나도 무난한 것으로요.

임대용 파사드는 무채색 계열로 많이 진행하며 내부의 공간 구획은 유리와 철재를 사용합니다. 한번 인테리어 공사를 하면 10년 이상의 내구성을 유지할 수 있게 합니다.

[유튜브 링크]
https://youtu.be/prqTPgWx_64

지식산업센터 인테리어 자주묻는 질문 50가지

Q14

임대용 지식산업센터 인테리어를 하고 싶습니다.
정형화된 파사드를 해야 할까요
아니면 개별화된 파사드를 하는게 좋을까요?

A14 : 임대용 인테리어로 정형화된 파사드를 하는 것이 가장 무난합니다. 임차인의 업종에 구애받지 않고 누구나 들어올 수 있기 때문입니다. 그럼에도 특징이 있는 개별화된 파사드를 원하시는 경우에는 아투연 인테리어의 지식산업센터를 300여개 호실 시공을 하신 최지혜 팀장님께 상담을 받으시길 바랍니다(2022년 11월 기준).

[유튜브 링크]
https://youtu.be/zQjDZtctUjs

지식산업센터 인테리어 자주묻는 질문 50가지

지식산업센터 인테리어 자주묻는 질문 50가지

지식산업센터 인테리어 자주묻는 질문 50가지

Q15

어떤 업종의 임차인이 들어올지 모르는데
인테리어를 미리 해두어도 되나요?

A15 : 임차인 우위 시장일 때는 인테리어를 미리 해두는 것이 임차를 비교적 빨리 맞추는데 직접적인 효과를 가져옵니다. 그 이유는 세 가지로 정리해 볼 수 있습니다.

첫째, 사람의 심리적인 요소입니다. 경제적인 여유가 있는 임차인의 경우 텅 빈 사무실 보다 인테리어가 깔끔하게 되어 있는 사무실에 더 마음이 기울게 될 것입니다. 우리가 예쁜 것을 보면 사고 싶은 것처럼 말이지요.

둘째, 임차인의 시간과 에너지를 아껴주어 쉽게 결정을 하게 해줍니다. 기본적인 인테리어가 되어 있으면 임차인은 가구 및 집기만 옮겨서 배치할 생각만 하면 되기 때문입니다.

마지막으로 부동산에서 인테리어가 된 호실을 선호합니다. 아투연 부동산 팀의 채종만 중개사님 및 장현진 중개사님의 의견에 따르면 인테리어 된 사무실을 소개했을 때가 계약의 확률이 더 높고 수수료도 인테리어가 안 된 사무실보다 높게 받을 수 있기 때문입니다.

지식산업센터 인테리어 자주묻는 질문 50가지

Q16

중개업소에서 先인테리어보다 렌트프리나
인테리어 지원금을 제공하는 방식이
좋다고 하는데 어떤게 어떨까요?

A16 : 채종만 중개사님과 장현진 중개사님 의견에 따르면 위의 방법으로 임차를 진행해 보았을 때 성공 확률이 20%, 인테리어를 하고 임차를 맞춘 확률이 70%로 3배 넘게 차이가 났습니다.

실제로 부동산에 3개월 렌트프리 및 인테리어 지원금을 제공하는 조건을 걸어도 생각보다 현장에서 임차가 수월하게 맞춰지지 않았습니다. 반대로 인테리어를 한 경우에는 임차인이 직접 눈으로 확인을 하였기에 임차 진행이 보다 수월한 점이 있었습니다.

왜냐하면 임차인이 알아서 지식산업센터 인테리어를 하는 것은 어렵기 때문입니다. 先인테리어는 밀키트를 이용해서 요리하는 것과 같습니다.

Q17

지식산업센터 인테리어를 할 때
무거운 방화문은 없애도 될까요?

A17 : 소방법에 위반됩니다. 방화문(防火門)이란 화재를 막기 위해 설치한 문으로써 국토교통부장관이 정하여 고시하는 시험 기준에 따라 적합한 것을 설치한 문입니다. 그렇기에 무겁다고 혹은 보기에 답답하다고 함부로 철거하면 안 됩니다.아주 간혹 방화문 철거가 가능한 지역이 있습니다.

지식산업센터 인테리어 자주묻는 질문 50가지

— 66 —

다른사람이 말하는 투자 정보로는
성공하기 힘들다.
스스로 공부하고 분석해야한다.

도널트 드럼프 (전 미국 대통령)

— 99 —

Q18

강화도어를 수동 유리문 말고
자동문으로도 설치 가능할까요?

A18 : 강화도어는 수동 유리문 말고 자동문도 가능합니다. 자동문은 센서 설치까지 공사가 들어가며, 실사용 소유주분들께서 선호하는 문의 형태입니다.

Q19

방화문은 소방법 때문에 없애면 안 된다고 합니다.
보기에 답답한데 다른 효율적인 방화문은 없을까요?

A19 : 갑종 유리 방화문이 있습니다. 이 방화문은 유리 면이 있어서 답답하지 않고 일반 출입문 같은 특성이 있습니다. 디자인도 세련되기에 실입주 분들이 찾으시지 요. 저희 아투연 인테리어에서 하남 지식산업센터에 시 공했습니다.

Q20

호실 내부에 대표실과 회의실 공사를 할 때,
어떤 소재를 선택해야 내구성이 좋을까요?

A20 : 가장 내구성이 좋은 소재는 "유리와 철재"입니다. 기본 15년은 유지 가능하며 잘 관리해 주시면 20년까지 교체가 없어도 됩니다. 그 다음으로는 "유리와 목재"입니다. 유지 기간은 5-7년 정도로 봐주시면 됩니다.

[아투연 인테리어 실시간 현장 51]
사무실 내부 칸수 구성은 이렇게 해보는 거 어떠세요?
(부제 : 전용 10평대, 20평대, 30-40평대 평수별로 알려드려요!)

[카페 링크]

https://cafe.naver.com/fishlandcafe/34529

지식산업센터 인테리어 자주묻는 질문 50가지

Q21

대표실과 회의실을 경쟁력 있게 구성하고 싶은데,
다른 호실과 다르게 차별점을 가질 방법이 있을까요?

A21 : 대표실과 회의실을 구성하는 기본 자재는 "유리, 철재 그리고 목재"입니다. 여기서 경쟁력 있는 구성으로 바꿀 수 있는 부분은 프레임인 철재와 목재 부분에 색을 입히는 방법입니다. 시트지의 색상을 선택하셔서 프레임 색만 바꿔주어도 분위기는 확연히 달라집니다.

지식산업센터 인테리어 자주묻는 질문 50가지

당신이 무엇을 소유하고 있는지
왜 그것을 소유하고 있는지 알아라.

피터 린치 (미국 금융인)

Q22

대표실과 회의실을 만들고 싶은데 유리로 막은
형태로 공사를 하면 내부가 더울 것 같아요. 천
장 부분을 좀 뚫어둘까요?

지식산업센터 인테리어 자주묻는 질문 50가지

A22 : 걱정하지 않으셔도 됩니다. 냉난방기를 각 공간마다 추가하실 필요가 없도록 "공조 공사"라는 것을 해서 대표실과 회의실에서도 여름에는 시원하게, 겨울에는 따뜻하게 보내실 수 있도록 아투연 인테리어에서 시공해 드립니다.

Q23

지식산업센터 인테리어 스타일이
각 지역마다 차이점이 있을까요?

A23 : 전반적으로 디자인적인 차이는 없습니다. 다만 자재의 차이는 있었는데요. 특히 싱크대에 있었습니다. 지방의 경우에는 스테인리스 기본 싱크대를 많이 선호하고, 서울의 경우에는 최소 인조대리석 싱크대를 많이 선호합니다.

Q24

분양받은 지식산업센터는 인테리어를
언제 하는 것이 가장 좋을까요?

A24 : 분양을 받으셨다면 "입주장"에 하시는 것을 적극 추천드립니다. 아투연 인테리어에서 1년 반 정도 지식산업센터 인테리어 공사를 해본 결과, 분양 지식산업센터는 크게 "입주장, 입주 3-6개월 그리고 입주 6개월 이후"에 인테리어 문의가 많이 왔습니다. 이 세 가지 시기를 비교해 본 결과 입주장에 인테리어를 한 분들이 뒤의 두 시기에 인테리어 공사를 하신 분들보다 빠르게 임차인을 구했습니다. 더불어 비교군도 많지 않아 임대료를 더 좋은 가격에 받는 경우도 많았습니다. 보통 입주장부터 인테리어를 결심하는 분들이 많지 않았습니다. (2022년 11월 기준)

Q25

지식산업센터 임대용 사무실에 싱크대를 설치하고 싶은데요. 고급형과 일반형 중에 어떤 싱크대가 임차를 맞추는데 적절할까요?

A25 : 아투연 인테리어에서는 임대용 사무실에는 기본적으로 일반 스테인리스 싱크대를 권장해드리며 이보다 조금 좋은 것을 하고 싶다면 인조대리석 싱크대까지 권해드립니다.

그러나 성수, 영등포, 당산, 강남의 지식산업센터 소유주 분들께서는 최고급인 "아투연 바"를 80% 이상이 선호하는 경향이 있었습니다.

[아투연 인테리어 실시간 현장 45]

싱크대 특집 (부제 : 스테인레스, 인조대리석, 아투연 바와 같은 다양한 싱크대 인테리어 한 번에 정리해드려요!)

[카페 링크]

https://cafe.naver.com/fishlandcafe/34422

지식산업센터 인테리어 자주묻는 질문 50가지

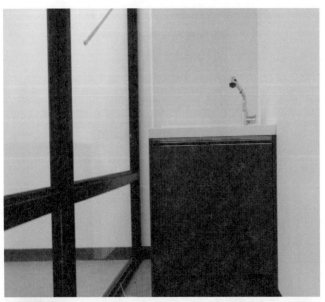

지식산업센터 인테리어 자주묻는 질문 50가지

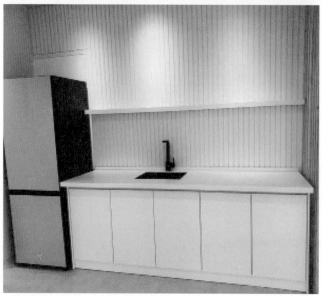

Q26

지식산업센터 인테리어로 요즘 많이 선택하는
아투연 바 구성은 어떻게 되나요?

A26 : "아투연 바"는 아투연 인테리어에서 디자인한 고급형 싱크대입니다. 가정에서도 바 형태의 주방이 유행한 것처럼 사무실에서도 대화를 하면서 쾌적하게 쉴 수 있는 공간을 찾는 분들이 늘면서 아투연 인테리어에서 제안하는 고급형 싱크대입니다.

가로로 2M 넘는 공간을 확보하여 넓으면서 바쁜 업무 중에도 잠깐 차 한 잔의 여유를 가질 수 있도록 구성하였습니다. 회의실을 자주 사용하지 않는 업종에서는 아투연 바 앞에 회의 탁자를 두어 회의실 겸용으로 사용하기도 합니다.

지식산업센터 인테리어 자주묻는 질문 50가지

Q27

지식산업센터에서 싱크대를 놓을 수 있는 위치가
따로 있다고 들었어요. 그 위치는 어떻게 알아볼
수 있나요?

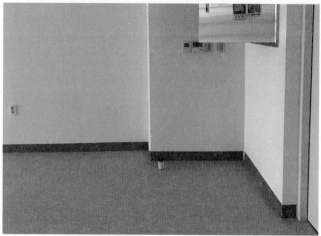

A27 : 싱크대를 설치할 수 있는 위치를 알아보기 위해서
는 '배수구'를 찾아보시면 됩니다. 지식산업센터 사무실
에 들어가 보시면 배수구가 있습니다. 보통 출입문 옆쪽
에 위치해 있답니다.

Q28

싱크대의 상부장과 하부장의 차이는 무엇인가요?

A28 : 가정용 싱크대를 생각해보면 보통 선반이라고 부르는 위쪽 수납장이 "상부장"이며 싱크대 아래에 각종 주방기구를 두는 곳을 "하부장"이라고 합니다.지식산업센터에서는 보통 하부장까지 많이 하지만 요즘에는 다과로 인해 상부장까지도 설치를 합니다.

[아투연 인테리어 실시간 현장 37]
지식산업센터 싱크대 이렇게 발전해갑니다! 바 형태의 싱크대까지!

[카페 링크]

https://cafe.naver.com/fishlandcafe/34206

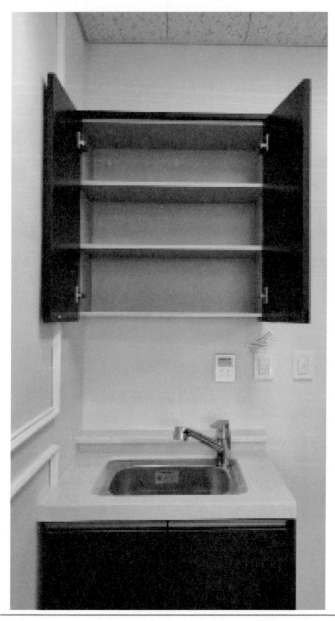

지식산업센터 인테리어 자주묻는 질문 50가지

Q29

바닥 타일을 교체하고 싶어요.
가장 무난하고 일반적인 것으로 공사를 한다면
얼마를 예상하면 될까요?

A29 : 지식산업센터는 처음부터 바닥에 디럭스 스타일의 타일이 설치되어 있어 깔끔한 편입니다. 더 깔끔한 바닥 데코 타일 설치를 원하신다면 최소 전용 평당 60,000원부터 생각하면 됩니다.

Q30

지식산업센터 인테리어 시
소방공사는 꼭 해야 할까요?

A30 : 천장까지 막는 대표실과 회의실을 설계하려고 한다면 소방공사는 필수입니다. 소방법에 따라 폐쇄된 공간에는 소방 감지기와 스프링클러를 설치해야 합니다. 스프링클러는 화재를 진압해주는 도구로 물을 뿌리는 역할을 합니다.

Q31

견적서를 받으면 "전기공사" 내역이 적혀 있던
데요. 전기공사는 어떤 공사인가요?

A31 : 네, 임차용 인테리어 및 실사용 인테리어에서 빠지지 않는 시공 중에 하나가 바로 전기공사입니다. 이 전기공사는 전등 및 전구 공사와는 별도입니다. 서비스 면적을 확장할 때도 천장의 텍스 공사를 하기에 천장에 있는 전기 배선을 정리해야 하며, 대표실과 회의실을 공사할 때도 전기 배선을 새로 설치하거나 정리하기에 전기공사는 필수로 들어갑니다.

Q32

방염처리가 된 블라인드의 경우 가격이 비싼데도
방염 블라인드를 사용해야 할까요?

A32 : 2022년부터 소방법이 강화되고 점검도 강화되었습니다. 한 지식산업센터의 경우 6개월마다 소방서에서 점검을 하여 블라인드가 방염 처리된 것인지를 확인하고 있습니다. 방염 처리가 되지 않은 경우 시정 방침이 내려오고 심한 경우 벌금이 발생할 수 있습니다. 그래서 최근에는 아투연 인테리어에서 방염 블라인드를 필수로 설치합니다.

[아투연 인테리어 실시간 현장 49]
인테리어 덕분에 임차가 맞춰진 실사례, 디원시티와 시그니처를 통해 알려드릴게요!

[카페 링크]
https://cafe.naver.com/fishlandcafe/34492

지식산업센터 인테리어 자주묻는 질문 50가지

— 66 —

시도하지 않는 곳에
성공이 있었던 예는 결코 없다.

토마스 H.넬슨 (미국 정치인)

— 99 —

Q33

분양받은 지식산업센터 사무실의 경우
모두 LED 등으로 교체를 해야 할까요?

A33 : 분양받은 사무실 내부를 보셨을 때, 형광등이라면 LED 등으로 교체를 하셔야 합니다. 사무실은 업무를 보기 위한 공간으로 형광등이라면 밝기가 좋지 않다면 근무 시 불편함을 느껴 임차인들이 선호하지 않습니다. 2022년 이후 완공된 대부분의 지산이 LED로 시공되고 있습니다.

Q34

지식산업센터 인테리어를 더 많이 하고 싶은데
인테리어 비용이 부족해요. 방법이 없을까요?

A34 : 아투연 인테리어에서는 인테리어 비용을 대출해 드리고 있습니다. 인테리어를 하시고 임대를 빨리 계약하신 후에 인테리어 비용을 아투연에 분할로 납부한다고 보면 됩니다.

Q35

임차인이 바로 계약하고 싶은 마음이 들도록 벽면을 카페처럼 아늑하면서 효율적으로 꾸미고 싶습니다. 좋은 방법이 없을까요?

A35 : 그렇다면 "웨인스코팅"을 추천드립니다. 웨인스코팅은 중세 빅토리아 시대(17-18세기)에 한기와 습기를 이겨 내기 위해 벽과 천장에 단열재 패널 보드를 덧대고 나서 나무 패널을 둘러놓은 것을 말합니다. 현대에서는 인테리어시 장식적인 요소로 사용하고 있습니다. 보통은 주택에서 사용하는 요소인데 사무실 벽면에 웨인스코팅을 해두면 사무실이 한결 더 조화로운 분위기를 자아냅니다.

지식산업센터 인테리어 자주묻는 질문 50가지

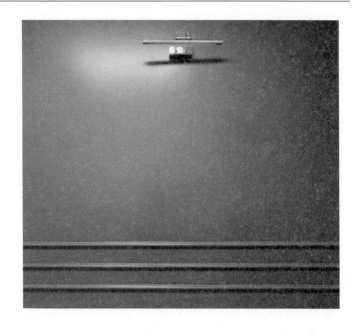

Q36

전용 20평 중반 정도가 되면 지식산업센터 인테리어로 대부분 아트월이나 이미지월 공사를 하던데요. 두 가지 차이점이 무엇인가요?

A36 : 지식산업센터 인테리어에서 아트월과 이미지월은 둘 다 입구 쪽에 설치해두는 인테리어 아이템입니다. 이 둘의 차이는 쉽게 아트월은 타일을 사용한다는 점과 이미지월은 목재 위에 필름을 입혀서 제작한다는 점입니다.

보통 임차용 지식산업센터 인테리어에서는 이미지월을 선택하고 실사용 지식산업센터 인테리어에서는 아트월을 선택합니다.

사무실 프라이빗을 위해 입구에 설치하는 벽을 이미지월이라고 부릅니다. 기업 로고 및 기업 이미지를 나타내는 벽입니다. 아트월은 사무실 벽면에 디자인한 것을 말합니다. 아트월은 이미지월을 포함하고 있습니다. 디자인 요소로는 타일이 될 수도 있고, 목재로 형태를 만든 후 필름 시공 및 조명 등 다양하게 연출 할 수 있습니다.

지식산업센터 인테리어 자주묻는 질문 50가지

Q37

아투연 인테리어에 공사를 맡기고 싶은데
어떻게 신청하면 될까요?

A37 : 아투연 지식산업센터 인테리어 공사 신청은 "아투연 카페"에서 신청할 수 있습니다.

"아투연 인테리어 신청서"를 클릭 후 설문지 내용을 작성하면 아투연 인테리어에서 연락을 드립니다. 그 후에 상담을 진행하고 견적서 및 계약을 진행한 다음에 공사를 합니다.

〈카페 이미지/신청링크〉

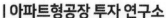

https://docs.google.com/forms/d/e/1FAIpQLSfEl
TpLzJejlkXNs414aeKup7tGLpj5BY9OxI03KWTFaG
Uk4Q/viewform

Q38

아투연 인테리어에서 공동구매를 진행하는 공고를 종종 보았어요. 저도 공동구매 신청을 하고 싶은데 어떻게 신청하면 될까요?

A38 : 아투연 지식산업센터 인테리어 공동구매는 준공되는 지식산업센터를 소유하신 아투연 회원님들만을 위한 혜택입니다. 시기는 보통 해당 지식산업센터 준공일정 한 달 전에 공고가 "아투연 카페"에 공지가 올라오니 관련 게시물을 보고 신청해 주시면 됩니다.

Q39

견적을 정확하고 빠르게 받는 노하우가 있을까요?

A39 : 신속하고 정확하게 견적서를 드리는 것도 저희 아투연 인테리어가 잘하는 점입니다. 이를 위해서는 가지고 계시는 지식산업센터 호실의 전용 면적, 평면도 그리고 원하는 공사 요소를 알려주시면 빠르게 견적서를 받을 수 있습니다. (2022년 11월 기준)

Q40

제 사무실의 층고가 높아서
복층 공사를 하고 싶어요
복층 공사는 어떻게 구성이 되나요?

A40 : 복층 공사는 보통 층고 5m 이상, 천정 높이 4m 이상 되는 호실에서 많이 합니다. 복층 공사 인테리어는 파사드, 강화도어, 싱크대, 호실 내부 복층 공사, 대표실, 회의실, 창고 등이 보통 구성됩니다. 공사 전에 복층 공사 가능 여부를 체크하시는 것이 좋으며, 기본적으로 층고 1.5m의 복층 공사는 쉽게 하실 수 있습니다.

Q41

서비스 면적을 확장하고 싶어요.
철거만 하면 될 것 같아 쉬워 보이는데 맞을까요?

A41 : 서비스 면적 확장 공사의 단계는 유리와 철재 파손, 바닥 콘크리트 파손, 천장 텍스 타일 분해, 전기 배선 분리 등의 다양한 작업이 이루어집니다. 절대 쉬운 공정이 아니며 숙련된 인테리어 업체에 맡기시는 것을 추천드립니다. 마무리 작업 시 미장을 제대로 해주는 것이 중요한데 이 마무리가 잘되어야 바닥에 요철로 인한 불편함이 없습니다.

지식산업센터 인테리어 자주묻는 질문 50가지

Q42

코너 호실을 가지고 있습니다.
코너 호실이어도 서비스 면적 확장 공사를
많이 하시나요?

A42 : 코너 호실이면 더 서비스 면적 확장 공사를 많이 하십니다. 코너기이기에 일반 호실보다 서비스 면적이 더 넓기 때문입니다. 그래서 확장 공사를 하신 후에는 많게는 5-6평까지도 넓어지니 하시는 것이 좋습니다.

Q43

지식산업센터 인테리어 서비스 면적
확장 공사시 비용이 더 드는데도 꼭 해야 할까요?

지식산업센터 인테리어 자주묻는 질문 50가지

A43 : 당연히 하셔야 합니다. 서비스 면적 확장 공사를 하면 비용이 더 들지만 면적은 더 넓어져서 전용 10평대 호실일 전용 20평대 초반이 되어 대표실에 회의실까지 추가할 수 있게 되는 경우도 발생합니다. 그럼 임대료도 더 높게 받을 수 있습니다.

Q44

저는 공실이어도 임차인에게 인테리어를 하고
사무실을 사용하라고 하고 싶어요. 이렇게 했
을 때 저에게 불리한 점이 있을까요?

A44 : 임차인 우위 시장에서 임차인이 지식산업센터 인테리어를 하는 경우는 가능성이 매우 희박합니다. 그럼에도 인테리어를 하겠다는 임차인을 기다리시겠다면 다음과 같은 불리한 점이 발생할 수 있습니다.

첫째, 공실이 1년까지도 발생할 수 있습니다. 실제로 저도 김포의 지식산업센터를 인테리어를 안 하고 임차인을 기다렸는데 공실이 6개월 이상 되었습니다. 이후 인테리어를 하니 3일 만에 임차 계약을 완료하였고 인테리어를 안 한 호실은 평균 6개월에서 길게는 1년까지도 지속되었습니다.

둘째, 임차인은 임차 계약이 만료된 후에 원상복구를 해야 해서 임차 계약이 어려울 수 있습니다. 보통 임차인이 인테리어를 하게 되면 임차 계약 만료 후에 원상복구를 해야 하는데 이렇게 되면 임차인은 이중으로 비용이 발생하게 됩니다.

마지막으로 상대적으로 낮은 임대료를 받습니다. 인테리어가 된 호실은 보통 10% 정도는 높게 받는 경우가 있습니다(2022년 11월 기준).

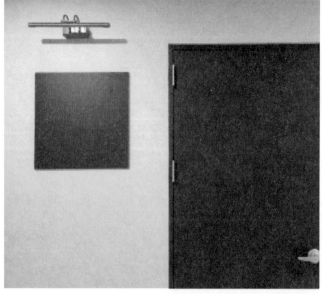

　　　　　　　　　　　　　　　　지식산업센터 인테리어 자주묻는 질문 50가지

Q45

부동산에서 인테리어가 되어 있는 호실 먼저
소개해준다고 들었는데 왜 그런건가요?

A45 : 지식산업센터 인테리어가 되어 있는 호실을 소개하면 계약이 잘 되기 때문입니다. 임차인은 이사할 때 번거롭지 않은 인테리어가 되어 있는 호실을 보고 싶어하고 고객의 니즈에 맞춰 부동산은 소개하기 때문입니다. 더불어 인테리어가 되어 있는 호실의 임대료가 일반 호실보다 상대적으로 높기 때문에 중개 수수료도 높게 받을 수 있는 이점이 있습니다.

Q46

지식산업센터 인테리어를 한 후에
높은 임대료를 받은 사례 1

김포 디원시티

김포 디원시티 10층 호실	
평수	전용 19평
소유주	100억 자산의 사업가
인테리어 시기	2021년 2월 입주장
인테리어 요소	파사드, 강화도어, 웨인스코팅, 대표실, 서비스 면적 확장, 레일 조명, 전기공사, 소방공사
임대료	해당 호실 : 1,000만원 / 80만원 인근 호실 : 500만원 / 60만원
현황	임대완료
총 공사비용	790만원

지식산업센터 인테리어 자주묻는 질문 50가지

Q47

지식산업센터 인테리어를 한 후에
높은 임대료를 받은 사례 2

당산생각공장

당산 생각공장 3층 호실	
평수	전용 20평
소유주	지식산업센터 투자
인테리어 시기	2022년 1월 입주장
인테리어 요소	파사드, 강화도어, 대표실, 회의실 인조대리석 싱크대, 전기공사 서비스 면적 확장, 소방공사
임대료	해당 호실 : 2,800만원 / 280만원 인근 호실 : 2500만원 / 250만원
현황	임대완료
총 공사비용	1,640만원

지식산업센터 인테리어 자주묻는 질문 50가지

Q48

지식산업센터 인테리어를 한 후에
한 달 안에 임차가 완료된 사례 1

광명G타워

광명 G타워 10층 호실	
평수	전용 17평
소유주	회사원
인테리어 시기	2022년 5월 입주장
인테리어 요소	파사드, 강화도어, 대표실, 서비스 면적 확장, 스테인리스 싱크대 전기공사, 소방공사
임대료	해당 호실 : 1,000만원 / 70만원 인근 호실 : 600만원 / 60~65만원
현황	인테리어 완료 후 2주만에 임대 완료
총 공사비용	850만원

지식산업센터 인테리어 자주묻는 질문 50가지

Q49

지식산업센터 인테리어를 한 후에
한 달 안에 임차가 완료된 사례 2

김포 디원시티 시그니처

김포 디원시티 시그니처 14층 호실	
평수	전용 16평
소유주	회사원
인테리어 시기	2022년 8월 입주장
인테리어 요소	파사드, 강화도어, 대표실, 스테인리스 싱크대, 전기공사, 서비스 면적 확장, 소방공사
임대료	해당 호실 : 500만원 / 65만원
현황	인테리어 완료 후 1주만에 임대 완료
총 공사비용	820만원

지식산업센터 인테리어 자주묻는 질문 50가지

Q50

지식산업센터 인테리어를 한 후에
한 달 안에 임차가 완료된 사례 3

가양 데시앙

가양 데시앙 14층 호실	
평수	전용 16평
소유주	회사원
인테리어 시기	2022년 2월 입주장
인테리어 요소	파사드, 강화도어, 대표실, 인조대리석 싱크대, 전기공사 서비스 면적 확장, 소방공사
임대료	해당 호실 : 2,000만원 / 160만원
현황	인테리어 완료 후 1주만에 임대 완료
총 공사비용	820만원

지식산업센터 인테리어 자주묻는 질문 50가지

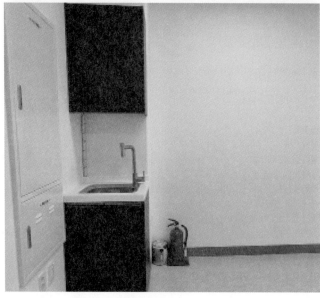

공실을 획기적으로 줄이고
임대료 확실하게 올려주는
지식산업센터 인테리어
자주 묻는 질문 50가지

초판 1쇄 발행 | 2023년 8월 25일

지은이 | 이정은 최지혜

편집기획 | 장영광
디자인 | 배주현
발행처 | 청춘미디어

출판등록 | 2014년 7월 24일
전화 | 010 3630 1353
문의 | 29rich@naver.com

ISBN 979 - 11 - 87654 - 43 - 8

책값 12900원 (만 이천 구백원)